AF578113

EN LEER POESÍA DE ANTAÑO NO HAY ENGAÑO

Míster Poetauro

EDIQUID

EN LEER POESÍA DE ANTAÑO NO HAY ENGAÑO

Editado por: Corporación Ígneo, S.A.C.
para su sello editorial Ediquid
Av. Arequipa 185 1380, Urb. Santa Beatriz. Lima, Perú
Primera edición, septiembre, 2022

ISBN: 978-612-5078-31-5
Tiraje: 50 ejemplares

Hecho el Depósito Legal en la Biblioteca Nacional del Perú N° 2022-07452
Se terminó de imprimir en septiembre de 2022 en:
ALEPH IMPRESIONES SRL
Jr. Risso Nro. 580 Lince, Lima

www.grupoigneo.com
Correo electrónico: contacto@grupoigneo.com
Facebook: Grupo Ígneo | Twitter: @editorialigneo | Instagram: @grupoigneo

Diseño de contraportada: María Victoria Sosa Martínez
Corrección: Marcos González
Diagramación: Gisela Toledo

Colección: Nuevas voces

Índice de contenido

Aire puro

La vida es aire puro
aire puro que nunca será removido de la vida
Aire puro, tu buena vibra nunca será destruida
nunca, nunca, pero nunca
te has de extraviar, aire puro
aunque muchos quieren echarte a hervir.
Querido aire puro, querido aire puro,
que traspasa un gran muro con su fresco esplendor
esplendor, ventajoso esplendor,
que combate con los químicos mata-vida.
Vida unida al aire puro
que sigue en continuo movimiento, gran sentimiento
de esos cielos que continúan revitalizando
a cada individuo de esta creación
en la que contemplamos animales e insectos,
flora y fauna.
Vida de aire puro
que hace cosas maravillosas.
Aire puro, que es muy precavido cuando se trata
de la voluntad y de la fuerza, que fueron creadas
para hacernos sentir muy agradables
y rodeados de enredaderas, de bellas flores de copihue.

Dios

Dios escucha a este poeta que lucha y lucha
plegaria tras plegaria.
Dios, manifiéstate con tu esplendor de paraíso,
paraíso en el que nunca, pero nunca,
se oye que digan «tú».
Tú estás loco de remate
porque allá en el paraíso
existe el fiel reflejo
de un representativo amor manso y no esquivo.
Amor, amor que a mí ha de dejarme perplejo,
deleitado compañero en momentos de soledad,
ayuda que no ha de restar alegría, flor de alelí
que nunca te negará la fragancia de su primavera,
que es elegancia, primavera que irá contigo
y por supuesto irá conmigo, día a día,
desahogo muy apegado a vuestra bella forma de ser.

Soñó

Elías un día soñó que jugaría al fútbol en otoño.
Elías, sí, Elías, ese jovencito que periódicamente
iba divulgando su talento,
majestuoso talento, muy admirado por el viento
que le rogaba a Dios por un resguardo para Elías,
entre un ambiente lleno de violencia y drogas.
Elías es un muchacho que soñó con ser futbolista
y míralo ahora, dedicado a jugar partidos importantes
por su selección nacional,
algo sensacional para Elías
que creció viendo a Ronaldinho humillar defensas y
arqueros rivales.
Ahora Elías progresa, aunque más de una vez
faltó el pan en su mesa.
Sin embargo, nunca olvidará a su humilde y aguerrido barrio,
donde dio sus primeros pasos hacia el lujo de ser querido
y tratado como ídolo de su club, donde permanece
trabajando de forma seria en las estrategias de juego,
en los entrenamientos que hacen posible el disfrute pleno
junto a los demás *cracks*, que resuelven con pasión y dedicación
su don de seguir triunfando
y así llevar el trabajo en equipo a otro nivel.

Corazón

En las noches frías yo me siento maniatado,
asociado a la nostalgia, viendo insatisfacciones
de una mente dentro de otra mente,
despejada poco a poco, pero a la vez
mal influenciada por el innombrable.
Loco, loco, desilusionado,
que vive dentro de mí,
pues aún los demás no se dan cuenta
que el corazón le han despedazado.
Corazón que defendió a muchos corazones
hizo el bien, recompuso latidos, los volvió fuertes,
y prestos siempre a ir difundiendo
aquella espiritualidad que aleja de todo el estrés existente.

Ella lloraba

Ella lloraba, al estar totalmente sin energía y sin la fuente
de esta misma energía,
sinceramente,
ella no podía sentirse feliz,
ella lloraba y lloraba y no sentía el valor suficiente,
para cruzar el puente y así nuevamente volverse
una magnífica observadora del bello horizonte.
Aquel bello horizonte, donde sí se hace realidad el Everest,
monte de los deseos cumplidos,
pues un anhelo realizado asombra,
y a la vez es un gesto bien parido.
Fortuna que es sonrisa,
sonrisa que es tesoro,
un sentimiento que la piel eriza
y a vosotros hace sentir maravillosamente bien.

Tu carita

Yo amaba tanto tocar el timbre de tu casa
y pasar a buscarte.
Eras tan maravillosa,
esplendorosa en cuerpo, alma, mente.
Yo a ti te traté como una emperatriz,
yo contigo creo que fui lo suficiente,
brindándote mucho apoyo y adoración a gritos.
Y ahora es injusto que estés sin estar,
y que yo extrañe tu carita
que era primavera fuera de serie.

Mi fortaleza

Yo no, no, no,
yo no abandono mi fortaleza de buen abono.
Y ante los ojos de los demás, yo he de ser un miserable
pero usted hable lo que hable,
no estará en mi posición de ser vivo
y a la vez enfático, que hace necesario
ir de aquí para allá siendo simpático.
Paraíso, paraíso que no se acaba,
volcán que aún escupe lava
ser incomparable de cuerpo, alma y mente.
Un galán ideal y siempre fiel
a sus innatas cualidades,
a lo largo de un paso del tiempo que no tiene reemplazo.
Tiempo del cual yo voy obteniendo
una amabilidad que va creciendo,
a base de una superación que ya dejó atrás
la fase de la pena que ahora
es una pena inexistente.

Siempre

Recuerda siempre, siempre,
estar lleno de bienestar
antes de estar con un malestar
que tarde o temprano te va a despistar,
te va a despistar.
Y tú, de paciencia te debes armar
ajustar muy bien las tuercas
y siempre, siempre ser positivo,
tener en tu rostro un encanto compasivo.
Ojos, ojos, explosiva mente
dispuestos a manifestar una seguridad sin igual,
alguien valiente a la hora de sonreír
como los niños de Siria, Mali, Haití y Filipinas
cuando manifiestan sonrisas, aunque sufran bastante.
Sacan de lo más profundo de sus corazones
una grata sonrisita que no decae,
que empieza a luchar al instante, a luchar
aunque haya pobreza y hambre.
Vidas que se amplían a ratos en el tiempo
para llegar a comer pan
y beber de un vaso el agua cristalina.

Empezar de cero

Imprescindible es empezar de cero siendo certero,
ser vivo que rema y rema,
hacia la dirección correcta.
Ampliando su fuerza de voluntad,
fuerza que tramo a tramo se va consagrando,
asombrosa comprensión que no, no se evapora,
consolidación que representa
una vida contenta.

Guerrero

Te presento a este que es mi corazón
que late y late a cada momento:
ternura, respetuosa ternura,
insinuación del gran sentimiento que es luchar
ante está depresión inmensa como el mar.
Corazón, corazón,
que contiene una extraordinaria fortaleza.
Amor, amor, que forma parte de la aceptación
de uno mismo a uno mismo.
Ola creada por la fuerza del guerrero
que se da por entero,
revelando correntadas continuas.
Entereza dedicada a ser despierta,
al abrir la puerta de una dimensión superestelar.
Armonía que no está carente
en este merecido jardín de flores
en donde escucho a mi corazón palpitar.

Nuevas fuerzas

Reuniré nuevas fuerzas para llegar
siendo la marea que irrumpe
en tu cuarto de sirena flamante,
queriéndote y a la vez mereciéndote.
Dar para recibir el riesgo
de correr como siempre tras tu perfume.
Dalila de este Sansón que te nota y te denota
como la mujer que quizá de este hombre
sea la fiel devota.
Dulce mermelada que saboreo con ansias de poeta
poeta extraordinario, poeta encantador.

Ser libre

Ser libre es no estar expuesto al peligro
ser libre es simplemente ser feliz
aunque digan que soy un cabeza de chorlito,
que aún no se harta de ese alcohol,
que ha de continuar con una borrachera arraigada,
a veredas en donde la perdición de la vida se acuesta
mientras medio mundo y yo invadimos con dimes y diretes.
Descontrol de niñito con sus juguetes,
destino cretino de esos roces de espinosas rosas.
Ser fenomenal que una vez más quiere salir adelante
para así otra vez estar libre
pues estar libre no es un delito, lo admito.
Ser libre es poder respirar
aunque haya por ahí algunos que se quieran apropiar
de tus pasiones supersónicas,
que por algo se mantienen reinantes.

Poeta pobre

Dejen que mi alma vibre y se sienta increíble.
Déjenme sonreír con mi sonrisa imponente, como un arcoíris
de múltiples colores, de múltiples colores,
dejen que yo sea como el aire puro
que le da esperanza al pobre, pobrecito,
aunque los desadaptados le quiebren el único vidrio
de su casa rodeada de nylon y cartones,
por donde se desplazan las gotas de la lluvia
que algunos observan desde un castillo de ilusiones.
Pues los desilusionados no se extenúan de tanto mirar
en menos al poeta pobre,
que pese a la adversidad lleva muy dentro de su alma
el inmune encanto de llegar objetivamente
a un excelente nuevo día de vida.

Could you be love

Aquí estoy,
cantando mi canción favorita,
palabras del pasado, presente y a la vez futuro.
Locura, locura salida de mi canto de luna nueva,
cuerpo, alma y mente que anhela.
Que esta misma canción favorita
sea la canción más imparable.
Sentimientos acompañados de una caricia notable,
bendita quema de malos recuerdos,
recuerdos que me hablan de las lágrimas,
de un sufrimiento que no seca su raudal de desaliento.
Ingesta de tragos y más tragos de alcohol
que no me alcanzan para estar en total desencanto.
Consejo de un poeta a otro: sacar el valor necesario,
estar así más cerca de la rudeza de sostenme,
aún cuando estoy al borde del acantilado,
luchando como si ya hubiera triunfando,
antes de caer por completo desenfocado.
Loca carrera basada en sacar lo mejor de mi repertorio,
para así inspirarme en Jamaica y cantar *Could you be love*,
aunque Bob Marley ya no esté, pero estoy yo.
Yo que puedo correr como Usain Bolt,
quien se despidió de su gran pasión,
en aquella pista de atletismo.
Triste por no lograr el éxito
y mostrar su característica sonrisa.

Nuevas fuerzas

Juntando nuevas fuerzas para ser feliz
es lo que ahora mismo hago.
Soy un mago, un bello arroyo aparece entre mis manos.
Julieta me dijo Romeo ven acá y yo fui.
Romance connotado, mentes que van y vienen
al cielo inventor de la tentación,
demora que ya no es demora,
aire que atesora mi galantería en una montaña
muy salvaje como araña.
Mañana que me dice mañana, vamos
a hacer el mejor esfuerzo para llegar a la cima,
cima en donde se aproxima otra considerable cima.
Don de coyote desafortunado
que mide fuerzas con un afortunado don de correcaminos,
que se deja sentir con un corazón mega gigantesco
al contar con gran parte de la meta cumplida.
Sentimiento aleonado e inagotable
mente brillante, guarecida en aquella persona
a la que le asienta estar grata y romántica
complementado sin agotarse.

En ti veo

En ti veo,
en ti veo
una mirada especial.
En ti veo,
en ti veo
alegrías
alegrías.
En ti veo,
en ti veo
ganas de amar y ser mi pareja
de ahora en adelante.

Futrono

De los árboles irán brotando inagotables manifestaciones,
de cada estación del año un verano notable.
Otoño connotado,
invierno al que se sujetan
las raíces de los imponentes robles.
De capa interior de color esqueleto de sepulcro añoso
abono que es resultado de alerces caídos.
De Futrono, de Futrono
lugar en donde me han contado que el enfurecido viento
ha desfigurado infinidad de nubes.
Justo cuando está a punto de llegar la primavera
que representa el olvido
la mera mera, dejación de toda fatalidad,
paraíso que ha de tratarme muy bien,
abordándome a su paso con el aroma
de los diversos tipos de mentas silvestres.

Contigo

Estando contigo, contigo,
yo tomo nota de tu grata compañía.
Estando contigo, contigo,
ya no boto lágrimas
ni me siento apestado de soledades.
Contigo, contigo,
yo ando autocontrolado.
Contigo yo sí que he suspirado
y amo amarte estando muy animado,
pues tú te lo has buscado.
Sentimiento que cuento pronto
a los cuatro vientos, a los cuatro vientos.
Contigo yo no, no me fatigo
y es que te conozco más y más.
Por eso te brindo un montón de bondades,
                                                    a ti,
dama y dueña de mis versos especiales

Jamás

Doblegarme jamás podrán
yo no me rindo
ganas de rendirme, jamás.
Yo doy mi mejor esfuerzo,
Tarzán balanceándose a gusto por las ramas.
Yo me apodo como el mago Frodo
coqueteo con moléculas del presente, futuro y pasado.
Yo estoy muy a la moda
por eso le doy rodaje a este buen deseo que traje.
Y yo no, no quiero olvidarme de que soy un ser especial:
cuerpo, alma, mente y demás.
Yo también requiero de la poesía al instante,
sentimiento mutante
rehabilitación, vamos
vamos, que se puede
sin ninguna presión ser *wonderful*
y verse a sí mismo superomnipresente.

Yo puedo

Di yo puedo, yo puedo.
No odies a nadie, no odies a nadie.
Sé expedita, aquella persona que sabe meditar
para no verse perdido,
al momento de ser medicinal,
mente de mucha ayuda.
Un sueño cumplido, un sueño cumplido.
Dedicación que yo no, no escondo
y siempre voy al grano, evitando hundirme en lo hondo.
Sentimiento cortés que no invade
sino que se involucra más y más en la pasión.
Pasión preponderante, pasión preponderante,
retumbante rugido de león,
vida bonita, atardecer en mi huerta,
junto a los gatos de la calle.
Agrado de oficiarlas de luchador
y decir en terreno «yo sí puedo».
Roca que nunca se queja
pues esta roca está en la isla de Iloca,
mientras yo sigo pensando
en qué será de las roturas que en mí aún no han sanado.
Ilustre forma de ser que aún no se extingue.

Ruta exacta

Y tú, tú
que todavía no encuentras la ruta exacta,
que de manera prematura
haga retumbar tus pasos.
Yo, yo mismo te digo:
hoy estás a tiempo,
aquí no importan los espantos;
tú eres bosque encantado,
para que lo sepas.
Sé flamante y mantén el aguante,
realiza maquinaciones
en donde lo más que importe sea tu naturaleza
de fiera salvaje, inquebrantable.
Y no, no te satures paraíso de la poesía,
flaquear no es la opción; no, no te detengas,
yunque que soporta golpizas a través del tiempo.
Pasión que mantiene sus cojones cueste lo que cueste,
desesperanza que ya no hostiga.
Música de Fito Páez que se vuelve adicción,
montones y más montones de belleza.
Tiempo roto, rostro apenado,
honda herida en el ser,
reconquista, trae ímpetu,
la pizca justa de motivación para seguir adelante.
Y tú
ve más allá del futuro,
ve a la playa inexistente entre los pasados ya pasados,
dioses de meses que desconocen el presente,
y tú, querido amigo, tú eres la ruta exacta,
en este tiempo llamado hoy.

Sé fiel

Sé fiel, sé fiel
ve a dar la pelea
como da la pelea el pueblo de Israel,
esclavizado en Egipto alguna vez.
Sé un excelente pintor
a la hora de manipular el pincel,
reluciente y requetecontra reluciente artista,
sometido al trance de crear lo sorprendente
y así mismo reconstruir un arcoíris triste,
estela que plasma belleza
en aquella multitud de hojas
que caen en un sendero mojado por gotas de pintura
maravillosas gotas que pintan un ataúd de madera nudosa
Jaqueline, oh, Jaqueline, madre mía,
que el campo amasa y amasa
por hacer la sabrosa churrasca que acariciara la mantequilla.
Y un sobrino pronuncia las vocales a, e, i, o, u.
Cura de curanderos que embellecen al infinito inmenso
como el vino que repleta la copa imparable, copa rota.
Madera y rústicas latas construyen la modesta casita de campo,
casa de campo en donde a mí se me ha de antojar
ver ratones siguiendo a gatos
entre una quebrazón de platos relucientes.
Estuve yo y tan solo estuve, estupefacto,
con estas escenas que ilustran un paseo hacia la colorida paz,
que ya hace tiempo se divorció del caos para hacer su voluntad
de generar sentimientos satisfactorios y felices.

Siempre

Tú eres quien a diestra y siniestra
progresas para no ir para atrás
hasta seguir y seguir hacia adelante.
Deseo de hacerte oír, viéndote lúcido
y no irreverente, y no irreverente.
Jesucristo ayunando en el desierto.
Poeta amable con los seres depresivos.
Poseidón bondadoso y loable.
Exaltación de una letra consonante, dialecto poderoso.
Hermosura de pinturas de payaso.
Sistema solar que acaricia los aprontes de fiel creyente,
que hojea el libro de tesalonicenses, tesalonicenses.
Desalmado que ya no es el mismo desalmado.
Latido de un átomo monumental.
Aldea que me ha encantado.
Rotura que ya no es la misma,
en mi embarcación de buen pescador
que adora superar flaquezas.
Fascinante edén de corazón que es el sabelotodo,
un sabio grandote imposible de dimensionar
con un parpadeo de arcoíris colorido.
Oasis del que me siento muy afortunado
porque lo he oído el día de hoy.
Troya en el salar de Atacama.
Aventurero que hace uso de un vozarrón arriesgado,
arriesgado.

Querido José, esposo de María y padre de Jesucristo, un varón arriesgado.
Coquetería de la bella mariposa en un prado.
Dioses mal puestos en mi reino.
Masodo suena mejor que Sodoma.
Maná que cayó del cielo y del que se alimentaron los trabajadores del mar,
trabajadores que tienen la costumbre de levantarse apenas está aclarando
sin saber si volverán o no, si volverán o no a sus hogares
después de encarar un duro día de pesca
sin pensar netamente en el fracaso
siempre yendo con la esperanza de traer peces de un peso interesante
para así tener una buena mercancía al cliente habitual.

Pachamama

Mi tacto mantiene contacto autóctono
con los loncos de un encantado bosque.
Secretito de mi poesía que es mi Dios
ante los ojos de dioses sentimentales.
Destino de poeta alienígena que mantiene
cierto convencimiento entre tildes,
puntos suspensivos, sangrías y comas.
Aseo de loco bien loco al que llaman correcaminos.
Hermosura que hizo un pacto con el paraíso.
Soberano paraíso, en donde resaltan los buenos humores,
con grandes ansías que traspasan texturas
de un rocío que nunca se ha de clonar.
Bienestar de cardumen inmensito.
Horizonte en el que se ha de generar paz
y no altercados, y no altercados.
Calma, calma que vence el caos.
Milagrosa salvación que ha de ir ocasionando
el momento propicio para salir adelante.
Dejación que ya no es dejación.
Montañas demasiado propasadas de altura.
Vacío que ya no es vacío.
Gota que riega un gran prado.
Loquera que me ha encantado.
Hermosura que deja de manifiesto muchos rastros
que son los orígenes de besos intocables.
Progreso de una sonrisa muy impecable.
Resaltante momento, energía
de poder apreciar a la maravillosa Pachamama.

Tóxico

Tóxico,
tóxico es ver que no haya un completo autocontrol
de esos altos índices de contaminación,
contaminación que amontona escombros
en medio de los majestuosos bosques
donde observo la masiva desenredadera
de las magníficas enredaderas.
Paseo cotidiano de este poeta, que se ve muy carcomido
a causa de derrames de sangre en el aire, en la tierra y el cielo.
Mundo adolorido, mundo adolorido, mi mundo de desencanto.
Poeta que recurre a los roqueríos
roqueríos que hermosean de manera notoria,
altares de mi cuerpo, alma y mente.
¡Oh, creación!, ¡oh, creación! ya no aguanto más
las detonaciones nucleares afectan mi sistema respiratorio.
Poderosas manos asesinas que castigan el aire puro,
que sus alas expande de forma incesante.
Destino que lucha por no quedar en coma.
Playa en donde derraman sustancias
que producen riesgosos escenarios.
Mala costumbre que hace amistad con los malos deseos.
Estallidos que no reposan y van de nuevo
dejando de manifiesto una candente efervescencia
de millones de compuestos químicos.

Frase

«Las mentes que viven en el universo inconcluso poseen apariencia de flor marchita, al dejar que sus luces más deslumbrantes se dañen a causa de la oscuridad».

La delincuencia

La delincuencia nos invade una y otra vez
y ya no se puede acabar de un día para otro.
La delincuencia porta una pistola,
usada para aturdir las mentes de sus víctimas.
La delincuencia se está pasando a muy altos niveles
de violencia.
Delincuentes que esquivan hasta la anestesia.
Siempre se excusan diciendo que ya no pueden enmendar
sus errores
pero no dejan de joder y no les importa quedar libres
a perpetuidad.
Apenas visualizar una celda de castigo,
prefieren andar hasta tarde jugando a ser depredadores
que van sembrando el pánico entre los aceptables anhelos
de los que son felices con simples gestos de bienestar.

Sigue adelante

Sigue adelante, tú puedes seguir adelante
y no pierdas tu tiempo, aunque tus ligamentos cruzados
presenten alguna rotura.
Naturalmente, acude a los juguetes de tu niñez,
repudiando contaminaciones
estudiando poesías y más poesías.
Presente, futuro y pasado de tu proactividad adorable.
Célebre demente que realiza un edén
entre las cenizas de la independencia matutina,
para así nunca llegar a destiempo.
Protuberancia de latidos que van hermoseando cajones
de abejas.
Pasado que ya no es pasado.
Ola que reacciona con rudeza al seguir hacia adelante.
Grandeza que ha de transmitir una virtud llamada arte.
Arte reanimante, a través de letras,
bastante pertenecientes a un día jueves.
Espíritu que acude a la luz de las velas
de ciudades en donde se expandió el grafiti.
Ritual alegórico, motivaciones y deseos
que son hermosura en Magallanes.
Ideas que te llevarán a sobrevolar
la cordillera de los Andes, presencia del majestuoso cóndor.
Tornado que galopa haciendo aseo a su paso,
topando un portal de galaxia brillosa
como el brillo de un platal.

Salud que muda se hace oír
siendo verdad que supera una gran mentira.
Cansancio que ya no es cansancio.
Poesía encantadora, donde encontrarás pasadizos
hacia la hermosura terrestre, marítima y aérea.
Galaxia de aspecto guapo.
Poesía, poesía, poesía de ahora y siempre.
Realidad consumada, divina gracia que habla
de los que se caen mil veces y a la vez se levantan:
a la primera, a la segunda, a la tercera
siendo en sumo valientes y deslumbrantes.

Delgaditos muchachos

Algún día ya no existirá más desmayo,
te lo prometo con mi apoyo a la distancia.
Amén, amén, todavía queda un largo camino por recorrer
pero recuerden que la fe siempre se gana.
Nunca se pierde la fe, que es principal generadora
de un encanto que es guerrero, que no se evapora.
Paraíso de aurora boreal.
Alentador pronóstico.
Colaboración sensacional.
Aldea que yo amé teniendo más y más ganas
de remediar caras de desencanto con encanto.
Tolerancia que no se conforma con tantas lejanías
en donde también existen las injusticias.
Miseria que no debería ir adelante
revelando brotes de desazón interna.
Almas radiantes que todavía no han sido descubiertas
pues todavía falta tener la dicha
de traspasar continentes desconsolados.
Deseo, deseo, buen deseo de seguir siendo optimista
aumentando más y más ese optimismo sensacional.
Pasión incondicional, pasión incondicional.
Alegría del presente, futuro y pasado.
Ropa que no se ha usado, pero los pobres más pobres
algún incógnito día sentirán la gran emoción
de ponerse la camiseta de un equipo de fútbol muy famoso.
Sonrisa apasionante, requetecontra apasionante.
Sensación de estar deseando el bien a todos.

Hospitalidad que no ha mermado.
Oh, no te eches a morir, innato luchador
sigue adelante y así encontrarás fundamento y base
para en la vida sentirte realizado.
Colibrí, colibrí, colibrí que es principal figura
presente en esta escena de vida real.
Aldea de delgaditos muchachitos que van y vuelven del bosque
retratando el día a día, que es una lucha constante
para sobrevivir y a la vez suspirar
descartando de nuevo un buen plato de comida
Adelgazamiento que ya es costumbre en un reino
de estómago descompuesto
cooperación que tarda en llegar, pero no llega
esa es la constante realidad.
Adorable sequía que no es tan adorable.
Esqueléticos seres que desde muy lejos observa Jesús
de quien dicen que vendrá pronto.
Vidas que no tienen la grata oportunidad
de pasear por lugares lujosos
vidas que no merecen ser tan castigadas.
Y en esta vida, los desperdicios a veces resultan ser comida
pues el sol no se puede tapar con un dedo, señora humanidad.
La vida no es del todo un agrado, y hasta me emociono
pues soy un poeta antiinjusticia, y no le deseo a nadie el mal
ni que tampoco un niñito deba perder el apetito
ni su poder de indígena claramente increíble.
Respiros, respiros que otra vez deben prosperar.

Malcriado

No, no seas malcriado, disfruta el día a día,
sin intoxicar el aire puro de mi poesía.
Salvaje aire puro que es parte de la sana locura
y no, no soy partidario de tu malcriada locura.
Alma, alma que interiormente dice a sí mismo:
tú ámate
ámate y así tu ser se reanimará,
desde que has de abrir los ojos
hasta irte a descansar.

Amor

No sueltes mi mano, te lo pido por favor,
por favor, mi bella temporera:
no me abandones jamás, mi Cenicienta.
Tú, y solo tú, dama de belleza natural.
Tú me atraes, me atraes tú.
Y estupefacto me has de dejar
tú eres otra clase de mujer sin par.
Tú sueles calmar mi desesperación.
Tú vives en la ciudad de Contulmo
igual son varios kilómetros para volvernos a ver
desde mi natal Collipulli a tu natal Contulmo.
Yo en esta historia de amor
soy Romeo y tú eres Julieta,
yo tu guapo y tú mi guapa,
de Arica a Magallanes nuestro amor progresa.
Momentos agradables que quedan de manifiesto.
Amor, amor, amor que me hace dar vueltas,
como loco alrededor tuyo.
Inagotable ímpetu,
buen humor donde no importan nuestras gorduras.
Pasión supersónica que yo te regalo
y a la vez tú me regalas.
Mundo de proyecciones que tú y yo tenemos.
Bienestar que nos va arengando,
¡oh!, palabra llamada amor.

Raquel

Hoy y como siempre te has de ver, linda,
linda como mi huerta.
Mujer elegante y a la vez flamante,
gentil y regia de nombre Raquel,
la Raquel que a mi vida le da felicidad.
Adorable e inseparable compañera
que me ayuda a sacar la tarea adelante.
Tarea de ser capaces de besuquearnos
como dicen los demás,
traspasando de forma sensacional los embates de la vida.
Princesa, princesa traída entre la marea
que me distrae en cámara lenta.
Adoración a ese sitial en donde se esconde
una relajante espiritualidad de mujeres,
que dan besos apegados al cosquilleo bondadoso
de miles y miles de sirenas.
Miles y miles de sirenas que han de plasmar en la arena
lugares para posar sus bellezas inigualables,
bellezas dueñas de un fascinante edén que nunca renuncia
a la gracia de ese jaguar incomparable.
Reluciente molécula de aire puro guarecido
en ese oasis visiblemente reluciente.
Pompeyo resucitando a Pompeya.
Aire, aire temido y a la vez inagotable.
Pereza que ya no es pereza.
Insaciable reumatismo de moái
de la isla de Pascua que yo voy surcando.

Poeta que imaginariamente pidió en Navidad
un gigantesco asteroide a Papá Noel
para dejarlo puesto en esta realidad de muchedumbre
educada a través de los sabores de sinsabores.
Destinos que van de costa a costa buscando atardeceres
que manifiesten un guiño sobreprotector
que entiende lo que debe hacer, o sea sobreprotegerme.
Fuerte cuerpo, alma y mente de eco.
Oh, eco de poeta, que entre paréntesis va muy a prisa.

Diluvio

Con entrega y dedicación se puede llegar muy lejos, muy lejos
pues imposible no ha de ser nada.
Y ahora y siempre siéntete realizado
proyecta tus agallas de vaquero.
Poder que se gana y no, no se pierde.
Dedicación montañosa, arte de ser leal
a las altas cumbres de las montañas.
Aseguramiento de siempre tomar un sano yogur
para que no tiriten los huesitos.
Entrelazamiento a la paz y no al odio.
Favores que se harán a cambio de nada.
Cacta, o también llamémosle familia de cactus
en la que encuentro el agua suficiente
para incrementar el arte de seguir tan rápido
como se desplaza un cohete hacia la magia de ser
quien ponga las ráfagas de esfuerzo para irradiar
como irradia ese paraíso regado por la tormenta
que es un gran acontecimiento poético.
Colores muy organizados en un universo desorganizado.
Tormenta muy aguada.
Mientras tanto, un rayo ya estalló y no es broma,
casi me vuelvo río al ser topado por un sinfín de gotitas
de agua pura, que no se desgasta.
Amigo diluvio entonces todavía no es bastante ni
requetecontra bastante
ahora estás en las playas haciendo chasquidos con tus
dedos aguados
Todopoderoso diluvio, oh, por favor, dame una remota
posibilidad de existir.

Al garete

Estar al garete es correr siempre el riesgo de jugar con fuego.
Estar al garete es destruir con mucha ira
amaneceres que han de dejar de manifiesto
una cortesía de incomparable paraíso.
Alma, alma que ahorra un odio percutor de balaceras.
Trastorno de un individuo que no se sabe desahogar en paz
y solo se enfoca en superar
la furia sobrenatural de los relámpagos.
Proyecciones de una vida arriesgada.
Astucia que ya no es astucia y tampoco marginación.
Contaminación continua, individuo que se va agrandando
sin moral y sin ética de por medio.
Propagador de un norte poco norteño
jodedor que tortura a la gente de buen vivir.
Irak en tiempos de vehemente violencia
acierto de estar en constante desacierto.
Poeta que aún mastica su derrota.
Trauma de no verse encantado de la vida
Lodo que no es lodo.
Drogo y a la vez furioso ser humano
que ha de coexistir con la tiranía de ese mal incalculable.
Realidad adentrada en la autoestima baja
que ha de ir aquejando y a la vez deshojando fabulosas
traslaciones.
Desgano, desgano que jode porque es un latente peligro
oscuridad satanizada, costumbres malas,
asqueroso ícono de la aptitud mala, malagradecido personaje

a quien se le antoja flaquear a medias
Brillo que no brillo, y se le fue en collera
a este personaje despiadado,
loco que ya ni modo, hombrecito tonto
que una y otra vez se estrella con el asfalto de la derrota
tarado de cuerpo, alma y mente
perezoso y nunca proactivo, resentido y dolido ser
que también goza con todo lo que ha lastimado.

Amuleto

Yo, yo no, no me he de caer
yo he de superarme
yo he de ser rey de reyes
yo he de encontrarme claramente un amuleto
llamado poesía de la suerte
amuleto que me servirá para reconstruir mis inspiraciones.
Presente, presente de una imaginación que vuela
y a la vez acude a crear maravillosas gastaduras de tinta
encima de hojas en blanco.
Colorida paya que rima y a la vez entra en ambiente
deseo que se cumple siendo relato todopoderoso.
Colaboradora inspiración que de mí un día brotó
para hacerse secreto en voces de dioses luminosos.
Hermosura inagotable en mi cuerpo, alma y mente
excelencia rescatable, felicidad
felicidad demasiado bien modulada.

Amar

Toma mi mano y notarás cómo mis caricias te topan
encantadora dama de corazón sensacional.
Siéntete alegre, requetecontra alegre.
Despierta al lado mío, poetisa.
Pastel exquisito, exquisito pastel.
Corazón, corazón que ya no está roto
sino que es un corazón que posee un porvenir
que suspira buenos aires.
Notoria forma de amar en cuerpo, alma y mente.
Precoz comunicador de hormonas
que traspasan el amplio límite del autocuidado celestial.
Alto positivismo, positivismo monumental, alienígena
que junto a ti, dama terrestre, ya no flaquea.
Bahía que en lo medioambiental no desmaya
aura, aura encantadora, magra compañía
que le pone atajo al abandono.
Gotera que a la carrera se encontró con el amor de un goterón
y así es que gotera y goterón se amaron un montón.
Todopoderoso encanto que coquetea
como el pájaro carpintero coquetea una y otra vez
picotazo tras picotazo nobles maderas,
Pasión que aún no es consumida por el desamor
imborrable poesía de Pablo Neruda.
Rambo soberbio que al instante comienza a ser
el verdugo de locos y despiadados seres de cosmos malignos.
Hermosura de algo bueno, pero nunca hermosura de
algo malo.

Sosiego de aquellos escombros que ya no van
de aquí para allá ni de allá para acá
Amén, amén, hasta que dije amén, frenando mis
malas obsesiones
esquivando derrotas y resultando inagotable, imponente.

Sentimiento

Mírame, mírame, mientras el tiempo nos combina
y nos lleva a amarnos hermosísimamente
teniéndonos en cuenta el uno para el otro.
Poderoso amor que mora en nuestros corazones
y nos motiva a ser demasiado cómodos
al momento de sacarnos fotitos.
Hermoso romance que nos eleva hasta más y más degustarnos.
gran sentimiento, bonito sentimiento, considerable sentimiento
tolerancia de aguantarnos ambos
costumbre de sentirnos bien a cada momento.

Loco, loco

Si tú en verdad supieras la clase de hombre que soy.
Yo, yo, yo soy un Romeo loco, loco por ti,
mi bella Julieta, mi Julieta bella,
yo sigo siendo un amante de tu bella silueta.
A mí me llaman el afortunado,
porque yo he de derramar gota a gota
un cariño y un aplomo de otoño
que poco a poco consigue de ti un licor.
Amor, amor bordado por una coquetería amena.
Necesaria ternura de varón guapo hacia su dama guapa.
Ayer que es hoy para nosotros.
Hermosura que no es tortura.
Luz de un rayo que nunca nos carcome.
Deber que nos llama para decir amén otra vez.
Presente de besos insospechados.
Dioses que nos motivan a progresar
y así mismo ir abarcando poesías bastante requeridas.
Paraíso que soluciona cualquier atraso.
Poesía que es halago.
Poesía que yo hago de forma moderada.
Arenga que nunca se verá cansada.
Plaza que ya no es la abandonada plaza
Cárcel que ya no es cárcel.
Felicidad admirable, destino noble.
Pasos que tienen la costumbre de no tener freno.
Apoyo que sonoro nunca dice detente, detente.
Estefanía y Altagracia encarando la vida.

Paciencia de águila que merece el debido respeto.
Hoy que es de siempre.
Deseo que anda diciendo yo voy, yo voy.
Terreno que sirve para sembrar poemas fascinantes.
Beso que se sonríe así mismo, motivación sensacional.
Calma, calma en el mar de apocalípticos cantares.
Desgaste que no es desgaste, merecido poco a poco
que merece hacerse monumental.
Fuerza inigualable, buena vibra que es muy confiable.
Edén generoso y noble, eminencia que no deja de
ser eminencia.
Paso a paso de poeta que posee sentimientos
que todopoderosos llegan de urgencia.
Desmayo que no es desmayo.
Brote independiente y a la vez muy fuerte.
Emisión de un continente que quiere leer una
interminable receta
que sirve para hacer arte, arte que catalogan como loquera.
Acantilado voraz, como adentrarse al voraz acantilado.
Paraíso que no pondrá barreras para ser explorado.
Oh, paraíso proactivo, paraíso de plaga de langostas inquietas.
Llegada de amagues de incendios, milagrosa galaxia que es luz.
Rudeza, rudeza que no se asusta.
Corazón, corazón, oh, corazón de aquel horizonte
que yo creo que es un horizonte fenomenal.
Alabanza imparable, alabanza predominante.

Te veo

Tú, tú me has dedicado gran parte de tu tiempo
y yo te veo, yo te veo
acercarte día a día para acompañarme.
Emociones que resurgen sin pena.
Amor, amor que enamora con sus praderas coloridas.
Fastidio que no es fastidio.
Todopoderoso sol radiante.
Creación sensacional, sensacional creación.
Calidez de cometa saludable.
Recuperación constante de aquella ternura de granizo
que quiso instalarse en el mundo secular.
Paraíso solidario al tomarme de la mano
yendo conmigo hacia el sitial de la base y el fundamento
de un toque de magia venido desde la nada.
Paraíso que aún me agradece que yo sea limpieza
Y no basura prudente.
Y, por cierto, yo soy el fiel representante
de una dedicación considerable.
El lector de ese poeta común y corriente que soy yo.

Resistencia

Yo medito, yo medito, como lo hacía Noé.
Yo soy inédito, alguien genial
alienígena que expande su independencia
encanto que no se convierte en odio
poeta elegante que alguna vez leyó la frase constante
que decía «yo puedo, yo puedo recuperarme
cuando estoy jodido por completo».
Yo prosigo, como prosiguen las olas
yo no soy invasivo, yo contemplo prodigiosamente décadas
que están de paso en mi cuerpo, mente y alma
acciones y reacciones que resaltan al pie de la letra
cascada que motiva a seguir adelante.
Y, aquí, progresar y progresar será un arte
que no se separará de mis alas de halcón dueño monumental
de quebradas en donde tiene nacimiento la resistencia.
Hallazgo de un aroma a la misma nada.
Rayo poderoso, poderoso rayo.
Oh, poesía que me invade pero no me aqueja
paraíso cuyo sonido no ha decaído, dolor que ya no es dolor.
Rumbo inagotable, realización de una bondad bien equipada
salvación conquistadora de almas asentadas
en un desaprovechado paso del tiempo
que compite de modo inútil conmigo.

Caminata

No seas fastidioso, asómate al cielo de la poesía
madurez que te ha de ir recalcando que eres parte
de ese lodo de hoy y siempre.
Enfócate en hacer nuevas muecas, basadas en escalar
hasta poder llegar a las cercanías de la superación
consecución de un querer
que brinca toda vacante dejada por el fracaso
querer que provoca una caminata que distrae.
Relámpago cuyo cometido aún no ha acabado
poder de fuerza mayor, o sea, una fortaleza inigualable.
Manifestación de un don consecutivo.
Profeta afortunado al localizar un paraíso solidario.
Vozarrón de una conciencia caótica.
Amaneceres de estrellas fascinantes.
Fresquecito aire que nunca ha de dejar su cercanía
con los manantiales que tienen evidentes escapatorias.
Paso a paso que sirve para volar
como vuelan las viejas cartas del pasado romántico.
Hermosura que abunda demasiado, tocar el cielo
un cielo que le da rodaje a un nuevo despertar.

Alfarero

El hombre honrado siempre tendrá el afán de no decaer
guerrero colosal, colosal guerrero.
Buen ánimo todopoderoso
buenos humores que progresan con ansías
Vasto rocío que me ha de impresionar
al llegar a ser un vencedor de la sequía.
Alivio que es poesía, manantial inigualable
repetitivo poema dedicado a los inofensivos alacranes.
Presente fiel al predominio más todopoderoso.
Sol que le colabora al sin igual amanecer del alfarero modesto
un alfarero de sonrisa asombrosa.

Anímate

Anímate, anímate
siéntete siempre bella y no, no creas que eres fea.
Anímate, anímate
no seas esclava del pasado.
Anímate, anímate
a superar en lo posible
toda adversidad habida y por haber.

Viaducto del Malleco

El temporal hace que salten de sorpresa
mis enérgicas ganas de sostenerme de forma repentina
en alguno de los balcones que me destinan
a flamear como lo hace una bandera.
Rastro todopoderoso que no se evapora
adoración a un lugar *wonderful*
sensacional pálpito que se ha de repartir mirada tras mirada.
Oh, gran encanto, que logra hacer posible una bandada
de pájaros.
Hermosura rapaz, arte de pescador reparando sus redes.
Espíritu musculoso, rostro que busca y busca puntos
de observación preponderantes.
Estancia que no queda en jaque
en este reluciente y a la vez bello viaducto del Malleco
que ha de vibrar muy fuerte sin detenerse
empezando a sonar a lo lejos las bocinas
que avisan la aproximación de un tren que se adelanta inmenso
manifestando su maravillosa labor
mientras yo disfruto un momento premium
al tener la oportunidad de contemplar su marcha de grúa.
Avalancha que tiene gran alcance, creación monumental.
Salvedad consumada, ascenso que es costumbre.
Determinante tiempo que es optimismo
como el optimismo de Iván Luis Zamorano
en tiempos memorables del fútbol club Real Madrid de España.
Proyecciones que siguen y siguen progresando.

Love, love que crece y nunca será un *love* desunido
loco oportuno, loco por el romanticismo.
Hermosura de un atardecer que siempre está aprovechando
su tiempo
tiempo que alcanza incalculables kilómetros de línea férrea
adelantándose a las nubes con el humo proveniente de su sala
de amenas maniobras del autocontrol
de toda mecanización de un rastro y una sombra
inmortalidad agradable, relámpago que ha de almacenarse
sobre ese enorme viaducto del Malleco
energía solar que no ha sido carcomida.
Amor, amor extraordinario
rodaje cuyo medio ambiente forma parte de un Edén
que me sirve para caminar, atardecer supersónico
colibrí dedicado a visitar todas las flores que surgieron
entre aquellos escombros fastidiosos.
Todopoderoso monte Everest.
Estela dejada por la alegría, amanecer de amaneceres
en Perquenco.
Semilla que no hace abandono de la vida milagrosa
Enormidad que es amar la hermosura de cada tramo
de todopoderosa atracción que no decepciona.
Amor boreal, amor alegre y ejemplar
amor claro, amor obsesionado
amor extraordinario y a la vez ovacionado en la emoción.
Gentileza, flamante gentileza.

Robin Hood

En el campo de la poesía yo salgo de paseo,
me olvido de que soy contaminación,
me convierto en aire puro.
Contestación recibida,
amplitud que me da el trascurso del camino.
Oh, camino donde dejo plasmados los pasos de
mi proactividad,
adoración a una concentración de imponente corazón.
Corazón que le concede a la vida
un sabor a constancia de hormiga,
que siempre sabe cómo salir adelante.
Experiencia que no decae, excelente disfrute pleno.
Loco, loco, loco asombroso al cual le llaman Robin Hood:
sensacional respaldo para los pobres,
desconocido que continúa siendo un completo desconocido.
Bipolaridad que contiene la adrenalina de cambiarse de sitio,
esfumarse, pues Robin Hood se esfuma y nunca desmaya
aunque lo quieran atormentar.
Hace uso de su infaltable armadura
de arco, flechas y astucia incomparable,
demencia recorredora de caminos construidos
por un tiempo que galopa de forma insuperable.
Ampliación de un murmullo de pajarillo
que no va a dejar de sonar.
Arenga que vence toda calamidad, impulso que lleva hacia
cada tramo de la modesta aura del aire puro.
Correspondida demostración de amor que no decae.

Templanza azabache, feble espiritualidad,
dedicada a superar cualquier desmayo.
Espontáneos rostros, hermosura, atractiva hermosura.
Pasión continúa y rapaz.
Pasos dados en el hábitat de aquel mosco que casi me como
Chispazos que ya tienen la costumbre de ser impredecibles
Resurrección que no se decepciona de la vida
y sigue adelante enredada a ese hombre
a quien a leguas se le nota que ha pasado por
momentos difíciles.
Responsabilidad cansada, pero que aun así no desmaya
Guerrero samurái inspirado en proyecciones espirituales.
Respiro poderoso, sonrisa cautivante.
Manantial de la vida que yo mucho destaco.
Concentración de lejano horizonte, benevolente horizonte.
Fuerza que no decae, felicidad honorable, acorde
de una reconquista que es luz de faro.
Oh, faro, que yo reconozco a través de las olas
del presente, futuro y pasado.
Love, love de los besos y de los cosquilleos.
Positivismo que se hace oír en el suspiro de una sirena
amada por playas y roqueríos.
Rostro modesto y sin rencores.
Destino que es progreso en sus orígenes más sobrenaturales.

Destino

Hola, hola.
Señoras y señores, yo soy el hombre
que ha enfrentado toda dificultad existente
y a la vez he amado como la música rap ama
que Eminem, Tupac Shakur, 50 Cent improvisen en su tarima.
Valor que se tiene en tal momento
glamour y elegancia de manantial que se da allá
en los suburbios norteamericanos, a veces con micrófono
en mano
y a veces acompañado de un simple juego de palabras.
Pasión monumental como un halcón
que pone su señal de vida en lo alto.
Boches generados con la boca sin sentir desmayo
apoyo que era necesario.
Poesía que para bien trastorna, porque de sobra poesía hay.
Profunda reflexión venida desde esa mente
que culta sigue defendiéndome como un elefante se defiende
cuando lo quieren atacar para acorralarlo con voces
que divulgan defenderte no puedes, no puedes, no puedes.
Resurrección que no contiene enemistad alguna
paso a paso que no embroma nada.
Existencia que no se asusta, acuerdo que se hace de corazón
confianza que no tarda en llegar, paraíso restaurador.
Acorde de remanso boreal, valentía desafiante, miel que
bien huele.

Bueyes que enyuntados levantan la cabeza
alentados por la fuerza que guardan,
guardan abajo, la carga han empujado, colosal fuerza que supera el atraso
ante los ojos de la locura de un amo que también recita su poesía bueyera
que a ratos transita por bosques que
espiritualmente pueden sentirse como yo siento la orden de mi abuelo
que es el escritor de la mejor decisión tomada,
ajustada decisión
de hacer el digno trabajo para así convertirse en una mejor persona.
Testarudez que una y otra vez te lleva a emprender el vuelo
aunque haya calor de incendios sofocadores.
Respiro que sirve de mucho apoyo, grandioso apoyo
que proyecta paz y no proyecta caos.
Hermosura que grafica una gracia divina
alma, cuerpo y mente que suelen ser el refugio todopoderoso
de aquella armonía que no decae jamás, jamás.
Paces hechas a través de los astros que hermosean
con su encanto de sofá, sofá encantador
al momento de coquetear con el sueño profundo
que refleja el afán de reunirme efusivo
con la interconexión de mis neuronas creativas.
Más y más vida sin desmayo, árbol de coigüe
que hace presencia en el tránsito de esta misma vida
en la cual abunda el pasto que yo toco mientras a un caballo domo.

Persona inválida que insiste y a la vez persiste
reuniendo nuevas fuerzas para lograr la fascinante vibra buena
que es un gran aporte para seguir subiendo escaleras
con la básica convicción y voluntad de adelantarse al presente
siendo verdad y no mentira.
Oh, amén, amén, el día está muy radiante
y mi cuerpo, alma y mente de ser demente
están en inmejorables condiciones.
Destino, destino, todopoderoso destino.

Resistencia

Yo espero ser libre y así reconquistar mi libertad, mi libertad
es tener el agrado de en la vida ser un nuevo comienzo
rostro iluminado, todopoderoso, iluminado
demora que ya no es demora
un llanto sostenido en las pupilas de estos ojos
que de vez en cuando se ocultan en la oscuridad.
Agradable esplendor imborrable
Beyoncé cantándome desde la radio
la poetisa Beyoncé, la mera mera Beyoncé
bebé que no exagera su llanto de ojos lluviosos
pozas demasiado colosales, resistencia encariñable
resistencia que sigue adelante.
Tierra que yo voy amando
juntando un llanto de hombre para regarla.
Aire, aire venido del mojado rocío
música dedicada al alma, cuerpo y mente
reanimación comprensiva, paisaje resistente
deseo aleonado, poesía fenomenal
saludable calabozo en donde algunos pagan años y años
por algo de lo que no son culpables
deseo de salir e irse a vivir un presente
repentinamente héroe y no villano.
Noches en donde regresan los dulces sueños
hermosura de atributos que no son extraños
hermosura encantadora, paraíso muy hermoso.
Resistencia que no desmaya, fundamento y base
que son la vestimenta típica del esfuerzo.

Flaco que ya no es flaco, pues ya se acostumbró a tener
una gorda sombra que ya se está notando, positivismo poético.
Loco, loco que se asomó poéticamente a la felicidad
brindada por su primer día en la prisión
prisión que retiene a través de ese universo poseído por
energías rapaces.
Destinos explosivamente ateos, costumbre de no frenar
y seguir tardando en cuerpo, alma y mente.
Deslumbrante eternidad de madera extinguida.
paso de un tiempo que se va columpiando
en el parque de las sombras, sombras
que van y vienen por este pasillo que no tiene fronteras.

Fútbol

Yo soy, yo soy aquel *crack* que hace goles
y no, no se desorienta en el área chica de la cancha.
Yo he de convertir goles de volea
y también he de meter goles sintiéndome indestructible
al dar un salto formidable.
Yo no, no me olvido de ir una y otra vez
a impactar el balón pronunciándome enérgico
elevándome a pelear el balón de cabeza
dejando el alma en las proximidades del arco contrario.
Todopoderoso sol que encandila los ojos a los adversarios
pues yo lucho por ser el goleador de mi equipo
y aquí no importa el cansancio
yo vuelvo a mi comienzo, restauro mis energías
y vuelvo a pasarle por el lado a mis rivales con balón dominado.
Hoy yo voy a ser un guerrero en este estadio, que es
una hermosura.
Hoy castigaré los golpes recibidos
pues son mis enemigos y no mis amigos de equipo
pero aunque no me lo crean, yo también me emociono
cuando la fanaticada grita a todo pulmón mi nombre
cuando poéticamente resuelvo con mucho temple
no ceder la posesión del balón.
Bonito fútbol, solidario fútbol
que nos premia con el gol del triunfo
y nos brinda la gran personalidad de un futbolista de barrio
que una y otra vez va a pelear sin tardanza alguna
cada balón sin darlo por perdido.

Mamá

Yo fui el primero en enterarme de que estás embarazada,
amén, amén.
Vendré en cuerpo, alma y mente a quererte, mamá.
Mamá, mamá, ya estoy aquí,
estaré estremeciendo tu vientre mientras vaya pasando
el tiempo
y estoy muy feliz.
Mamá, tú me traerás al mundo
espero que estés contenta con tan magnífica noticia.
Mírame, mamá, soy un hombrecito,
un Romeo que hará incrementar tu alegría,
incalculable alegría, alegría que nunca falla.
Cómo no amarte, mamá, en este nuevo amanecer,
tierno amanecer que nos permite realizar
una vida cariñosa, como si fuera ayer.
Mamá, mamá, quiero decirte que te amo,
porque me tomas muy en cuenta cuando yo tironeo tu vestido
que ha de flamear a causa del viento.
Y tú, mamá, me cargas en tus brazos,
con generosidad serenas mi llanto.

Salvación

Mis nervios poseen inocencia
mis nervios poseen valor
mis nervios también son torpes y lo reconozco
ya se hizo costumbre.
Ay, Dios mío, protégeme con tus bienestares
préstame mucha atención, pues de ti, ahora en adelante
no me esconderé y reutilizaré mi fiel creencia
no dejaré de ir al manantial de la salvación
y dejaré de lado toda desesperación.
Continuaré iluminado, como iluminado está un relámpago
viviré la locura de no estar mal
seré sobresaliente a través del tiempo
seré imponente, Jesús superando ilusiones
que tienen como rehenes a los seres desalentados
hermosura inigualable, destino poéticamente presencial
alegría, alegría demasiado todopoderosa
salvación, honesta salvación
salvación, consagrada salvación
bondad que a mí, a mí me ha encontrado
esmero que se ha notado
loquera que ya no es loquera
adelantamiento que de un momento a otro
ha de entregar un hermoso bienestar.

Prudente

Sé prudente, sé prudente
y siempre mantente gentil.
Sé silencioso, si es que hay que serlo
y responde siempre contento y conforme
reconociendo que has de sentirte muy bien.

Vete

Yo, yo
yo no, no te detendré
pues vete, vete.
Yo no, no soy un juguete
de primera ni de segunda mano.
Vete, vete
vete y no, no agotes mi paciencia
y no, no trates de enamorarme nuevamente.

Tipo loco

Buscando las coordenadas exactas
me la paso día y noche, pendiente al reloj
recepcionando un poco de esa esencia de tipo loco.
Loquera, loquera que me ata a desorientarme en el campo
loco, loco por la poesía, un desconocido para los demás
que ni en postales me conocen
evidente ser desolado que imita los cantares de las golondrinas
fracaso que no es en el hoy,
que es el hoy de alguien
que por convención se siente pequeño
como un pequeño brote de árbol de peumo.
Poeta que se adentra en esa antigua bitácora
a la cual las hojas se le caen de pedacitos.
Poeta poseedor de un tornado de dolencias mentales
pescado sin agua de mareas.
Descontento que para el loco es su más preciado tesoro.
Loco, loco que continúa estando loco
poeta y a la vez alienígena pendiente al ahínco de
los superpoderes
que en otra dimensión quizá existan.
Mutante que rehace su vida a través de un arte
que sugiere ir correctamente reconstruyendo
cosas maravillosas.
Presente, futuro y pasado de una locura
que se va acercando, siendo una robusta locura
trastorno que se quedó con su loco
proponiéndole abarcar paraísos y más paraísos.

Asombrosa maqueta que hemos de hallar
en la mente brillante de un loco que viaja
en la locomotora de los acontecimientos más hermosos de una vida.
Inigualable trébol de más de tres hojas
suerte, suerte requerida en momentos de caos
maravilloso bosque encantado al cual le ha de encantar
la locura de un loco que se viene acercando con la intención de estar a solas
con las sonrisas que se burlan del fracaso
love, love que lleva en su corazón una buena contestación
que va paso a paso sorteando desilusiones.
Esforzado ser inmortal, ser abominable que se fortalece.
Corazón, corazón incomparable.

Cosmos

Bienestar, bienestar en el cual yo me amparo
acordes de una resistencia de manada de búfalos
acostumbrados
a proseguir suspiro tras suspiro con una soberanía de aire puro.
Poesía encantadora ahora y en la hora de la hora
arranque de un impredecible pequeño impulso que se
hará inmenso
rodaje de una magnífica fuerza, imparable fuerza.
Inigualables porfías, astucia que se adentra de este a oeste
redentora astucia de pájaro carpintero que pica y pica maderos.
Deseo que poseo, fortaleza que nunca falla
y trama una trama para tener suficientes agallas
y plasmar una supervivencia de leopardo.
Toque de magia inmerso en un atardecer
forjador de héroes que nunca se extenúan
encanto de romance excepcional.
Calma, calma de paraíso
que a la existencia le va propinando buen abono
ovación impresionante, superación continúa
aborigen mentalizado en ahorrar meditaciones,
espíritu curandero
proactivo viento que asoma por los roqueríos, hermosura
de caballos
prosperidad de estos mismos caballos de hermosas tusas.
Rastro que su suelo topa, maravilloso colibrí
que es muy visible y, al momento,
me despierta cierto interés en descubrir

innato hábitat que es la naturaleza
naturaleza que sigue haciendo su trabajo
naturaleza que me está comunicando que por ahí vive y reina
un arroyo al que intentaré acercarme
y así hacerme visible ante tan espléndida maravilla.
Y mientras tanto los progresos de un cosmos van de costado
a costado
proponiendo una vibra positiva, vibra de cuerpo, alma y mente.
Escena que no necesita reconstrucción
monte Everest que me invita a sanar del estrés.
Presente, presente en el que se siente
la rehabilitación de forma imponente.

Adelante

El que ha de rehacer su vida
ha de salir adelante, adelante
y nunca perder su tiempo
poderoso tiempo bien utilizado, soberanía de paraíso
rodaje de fuerza de voluntad, admirable espíritu de lucha
que rema y rema, más y más
demora que no es demora, positivismo que no es carcomido
hermoso florecimiento de aromo, sopa infaltable
superación hormonal a prueba de martirios
bosque que decanta una serie de tartamudeos
que ayudan a pedir ayuda
porque hay que salvar una casa abandonadita.
Tardanza que ya no es tardanza
salvaje realidad consumada, saludable regularidad
mentada cantora rana y a la vez alocada rana.
Dar de no dar todo por perdido
para así volver a tener aquellas carcajadas triunfantes
que dejarán de manifiesto una poesía
que es la salvación en su máximo esplendor.
Tesoro de vida que no debe morir
origen de una independencia taurina
mañana latente en mi sendero, montañoso sendero
rocío de Escocia, atardecer que ha de estar
en un lugar adecuado, proyectando una proactiva fascinación
por un todopoderoso viento loco.
Extraordinario resto físico que ilusiona para no decaer
al caminar

paraíso que hermosea astralmente
tiempos de hermosura que nunca desmaya
hábitat en donde late y late la benevolente resurrección
de Jesucristo
hermosa pradera que tiene caballos, caballos que hermosean
sin hacer abandono del cercano arroyo
de la hermosura vasta; hermosura a la que soy aficionado.
Reflexión profunda que nunca me escandalizará,
momento ameno.
Viento, viento que se toma muy en serio su rol
de todopoderoso viento tolerante y a la vez reanimante.
Edén encubierto, oasis dispuesto a proveernos de un
agradable resplandor.

Aconsejar

No importa que haya gente que tenga joyas
cadenas y relojes de oro, no importa
todo es momentáneo y ni tan bonito
aunque te digan que todos los diamantes son valiosos
porque al fin y al cabo lo que importa es no
no, no ser despreciativo.
Hoy importa más aconsejar y no castigar
maravilloso consejo, consejo honorable
reflejo todopoderosamente noble,
perseverancia inigualable y a la vez notable
mente por completo aferrada a la quietud de Buda
cardiovascular resguardo de fiel creyente que luce estupendo
toque, toque de magia que rompe su capullo de poeta
para seguir adelante por meses.
Estero que a la naturaleza le ha de proponer fuertes correntadas
que saldrán de paseo al mar de las imponentes olas.
Poder que no pierde su creación bondadosa.
Maquillaje de ser malherido que se reconforta
con el calor de una humanidad sagrada.
Buen trato que no te da de codo
ropa que no es mirada en menos
hermosura incomparable, reanimación considerable
encanto que no ha de rodearte de lujuria
ni desmayos, ni desmayos.
Costumbre de notar que todo es exactamente fenomenal
al saber de verdad que en vez de acceder a una buena vida
te avecinas más y más a un paso del tiempo
en el que procederás a ser demasiado pasivo y no demasiado odioso.

Poeta, poeta, que por los demás está orando
oh poeta, que nunca se verá por dentro devastado
poeta aventurero al ir de sur a norte
retando a un destino jodido que te gritonea diciendo
que no podrás seguir direcciones sensacionales.
Presente en el que tú no cancelas tu paso a paso
locura alentadora, paso del tiempo
un tiempo bipolar, atardecer en el que mucho se persevera
captación de una conciencia que no le hace caso al caos
consagrada alegría que no escasea.
Aleluya, aleluya, que es fuente de energía
que va acariciando desahogos cuantiosos.
Posesión *wonderful*, sulfuración
que nunca te hará perder los cojones.
Desaliento que ya no es desaliento, placer
de tener la buena suerte de tu lado
oh, buena suerte, secreto que no es producto
de todo el dinero del mundo que se ha de tener
sino producto de ideas fascinantes
esquemas que se rompen evidentemente.
Decreto de tener a tu disposición
supersónicas energías que no se desgastarán
encanto que galopa por paraísos
en donde no existe el envidioso ni la envidiosa.
Amanecer de superación monumental, alivio que se desahoga
traspasando gotas de sequía del mes de marzo.
Ambrosía que con mucha franqueza
reconoce fumar mucha marihuana, radiante meteorito
que continúa su odisea por galaxias ajenas
desgastando una energía incomparable
y llena de fuerza bruta ya consumada.

Ella

Ella, ella
ella es una mujer buena, ella me frena
cuando yo estoy muy desenfrenado.
Ella, ella
ella me dice no estés desganado, ella muchas veces
me deja impresionado para bien, muy impresionado.
Ella, ella
ella es una mujer muy buena, ella escucha
volverte a ver y a Dios le pido de Juanes junto a mí
Ella, ella
ella tiene una manera muy distinta
de hacer planes a futuro junto a mí
ella fue creada para mí.
Ella, ella
ella es sabia y su amor no se queda atrasado
ella siempre anda en cada uno de mis pensamientos.
Ella, ella
ella es fabulosa y junto a ella nada se hace imposible
porque todo con ella es realmente ideal.

Frase a frase

Seguimos existiendo y siendo poetas
dejamos rastro poco a poco, como osos grises
resistimos la invasión del acné severo en nuestras pieles
construimos pero jamás destruimos.
Hoy vamos frase a frase haciendo vuestras proezas más grandes
desnudamos y a la vez vestimos a vuestra musa inspiradora
musa que nos trae muestras de afecto y también proyecciones
que servirán para progresar maravillosamente.
Relámpago proveedor de un extraordinario vozarrón
recitador de una fortaleza brava
como viento adentrándose en los majestuosos álamos.
Equilibrio que va obrando con solidaridad
quebrada en donde el agua cristalina va sonando
proyección de desintoxicaciones, respiro
que va provocando colores deslumbrantes
espacios en donde debemos comportarnos como ruiseñores
querer de quereres de esos quereres
en los que manifestamos nuestra presencia de aire puro
que simula estar satisfecho con esas insatisfacciones
venidas desde la depresión que es presión
que no tiene sintonía alguna
con las raíces de la resistencia más sinigual.

Discriminas

Tú, tú
tú me has de ver distinto a ti, a ti
porque discriminas, discriminas.
Y no, no
no te sientes igual a mí, y me esquivas
hasta salirte con la tuya
ser carente de la buena nueva, malicioso individuo
que no respeta a los poetas de este presente.
Evidente ser cretino
oh, ser cretino, rodeado de un sinfín de realizaciones
que no son realizaciones.
Destructor que nunca será recordado, demonio soberbio
que proyecta convivencias indecorosas.
Oh, malas expresiones, que responden con malos sentimientos
hermosura que no es hermosura.
paraíso que está falto de *love*
germen que dice no ser un germen,
vida ajena que se entromete
en la amena manifestación de los escasos recursos
rostro que irradia prohibiciones y descontento
al ver gentes usando zapatillas
que no tengan marcas que tanto se adoran.
Encanto que no es encanto, costumbre de desear el mal
a quien no ocupa tu mismo calzado
calzado que tú, según tú, es un calzado indestructible
las Adidas, Nike, Reebok y Jordan.

Y ahora más que nunca se nota
que tus insignificantes pasos
han de huir de mis pasos positivamente increíbles.
Y yo resisto y resisto una y otra vez tu discriminación
pero ya basta, ya basta, yo en estos momentos
pienso en cosas mucho más simples que tú mala vibra
y tú, tú siempre andas buscando reparos
y yo, yo siempre tendré un rastro acostumbrado
a dejar interesantes postales de superación
que han de dejar atrás, atrás, toda adversidad existente.

Arte

Hoy, hoy yo vi
cómo se me iban los odios
y así en mi ser quedaba permitido un ser asombroso
al decirle adiós al dolor para dar paso a la naturalidad
de un amor que se va desenvolviendo con madurez
con el ímpetu de dejar de lado la tortura
saliendo adelante, como sale adelante un relámpago
que endiosa con su alumbramiento, modesto alumbramiento
proyección de una bonanza que es un éxtasis
que ha de dejar sembrado un ferviente encuentro
con la mente mentora de un camino
en donde lo indómito comienza a ser determinante en el alma
que ha de traspasar yardas y más yardas de
depredación humana
hábitat que no debe permitir que la satanicen con
malos pensamientos
que poseen una manifestación intranquila.
Pasado dolido, pasado tormentoso, soberbia traicionera
desaire que consigue una pelea en donde se rompen
varios vasos.
Costumbre de predecir la tiranía cuando ya disparó
todas sus locas balas, fascinación irresponsable
al hacer retumbar los oídos de la gente vulnerable.
Exagerados trastornos, desespero de un corazón endemoniado
emociones pesqueras que aún no encuentran su mar.
Mal carácter que muerde a este rehén
de un odio guarecido en las venas.

Presente, futuro y pasado opresores del pan que falta
en la gran mesa de un paraíso que no es paraíso.
Rotura de un acantilado devorado por el tiempo
todopoderoso tiempo, todopoderoso tiempo
en el que solo los valientes guerreros han de poseer
una serenidad que cueste lo que cueste sabe salir adelante.
Recuerdo, proactivo recuerdo que está soltando tensiones
en su destino de poeta amanecido en la madrugada
de las olas que van y vienen entre marea baja y marea alta.
Parpadeo todopoderoso, demostración de que no todo
se consigue
sino que más bien se consigue enmendar el error
gracias al Cordero de Dios que derramó su sangre bendita
en la cruz.
Juzgado otoñal, que juzga las hojas recién caídas
trastorno inmortal, valioso coqueteo, prodigioso coqueteo
de poeta que paso a paso sigue los pasos de Romeo.
Olas que van y vienen de enero a diciembre
fabricando texturas fascinantes
gesto de oasis que yo a divisar alcanzo
modestia de energías solarmente indestructibles.
Presencia de arengas demasiado románticas
pasiones alentadoras, paso a paso de persona valiente
vibra buena que no se desgasta, flaqueza que ya no es flaqueza
bahía que expande su bienestar,
bienestar que con claridad reina
porque su honradez ayuda a superar pobrezas.
Sales minerales que saben ocupar el espacio que les da
la creación

creación monumental, incalculable creación de un
monte Everest
que manifiesta una incomparable realización que alivia de
toda bronca
alabanza que es armonía en mis paseos, hermoso arte
incomparable arte que me ha de reunir con los
majestuosos astros.

Talento

El talento está para acariciar lugares de inspiración
el talento causa sensaciones que dejan de manifiesto
una fortaleza alegórica, bienestar de paraíso colosal
saludable esplendor, flor de orquídea que huele a Raquel.
Oh, rebelde Raquel, que suele predecir
lo que traerá ese firmamento de monte Everest de este a oeste
presente fuerte, felices presencias del pasado, presente y futuro.
Apasionante buen humor que yo no vendo por eso sigo
riendo, riendo.
Sol común y corriente que ha de reunir radiantes esperanzas
que vencen a las desesperanzas.
Rastro de talento que no se agota de estar afiatado
y no apartado del amor de Romeo y Julieta
fiel talento que retrata las gratas manifestaciones de una
bella vida
que sobresale con excelencia, alegrando, alegrando con
su polen.
Sentimiento que es bipolar, cariño acostumbrado a las
buenas energías
astro que brilla en el universo del enloquecimiento
soledad refugiada en su valentía de olor a lavanda
guerrero samurái que maniobra su espada
sin hacer abandono de su gran valor corporalmente reanimado.
Voces de un destino que pronto aliviará sus heridas
alma, cuerpo y mente de un pecado que le da rodaje
a una reconciliación que no es reconciliación
pronto tormento sonoro en donde el sonido es el motor

de lo que no debe volverse un aborto de ideas
sino que debe llegar a dar vida a un conjunto de buenos retos
realizados a través de buenos gestos de solidaridad.

Fútbol

Del fútbol, del fútbol sale la magia
del que hace buenos quiebres de cintura
y así evade al adversario que le pueda quitar el balón.
En el fútbol se esconde, se recibe
y se entrega el balón al compañero de equipo
pero jamás se le debe dar al rival.
En el fútbol se sale con la suya aquel que puede colosalmente
embellecer con felicidad cada adelanto en el juego.
El fútbol tiene goles que resuelven partidos complicados.
El fútbol es esfuerzo, el fútbol es jugar en profundidad
además de tener buenos y malos resultados.
Hermoso, hermoso es el fútbol, porque es de buenas y
malas suertes
es refugiarse y salir a atacar, eso es el fútbol
es porfiar y porfiar, es tener mucha garra, eso es el fútbol.
El fútbol es saludable y a la vez meticulosamente táctico
y estudioso.
En el fútbol está permitido hacer rotación
y a la vez contar con un *crack* por puesto.
El fútbol es notable, el fútbol debe contar con un respetable
fair play.
El fútbol es colosalmente pasión de multitudes.
El fútbol sirve para asechar y desbaratar.
El fútbol da un claro ejemplo de que debemos pelear en equipo
hasta lograr el gol del triunfo.

Sapiencia

Se pierde, se pierde.
Retamboreada perdición con la cual yo no me obsesiono, porque es más bonito continuar con un carácter en el cual se preserve la buena energía, que es habitante frecuente de mi ser ingenioso; ser poseedor que nunca pierde al acostumbrarse a ganar, ganar y solo ganar.
Armarse de mucha paciencia, una paciencia bastante apetecible, héroe que resiste y resiste, siendo siempre un genio rehabilitador, extraordinario y a la vez todopoderoso soldado que se hace presente en el inseparable presente de las superaciones; espíritu que cura y que nunca atormenta.
Ahora que es siempre creación, creación que impresiona cuando se desmorona la torre de Babel.
Reluciente esfuerzo, esfuerzo todopoderoso, sonrisa de pradera en donde yo estoy dando mi habitual paseo. Todopoderoso corazón supersónico e inmortal, alma de un ser que se sigue presenciando; posesión de un horizonte en el que se eleva el cuerpo, la mente y el alma, que son la esencia de las frases más encantadoras para seguir perseverando de este a oeste, deseando irle propinando a tu vida una sapiencia que te dará la rapidez fortuita para ir capitaneando tu propio cien por ciento de conciencia, en donde el aire puro precisa con poemas que te han de convertir en un enérgico dueño de acordes desde donde fluye la precisión que te quitará lo indefenso de lo indefenso, al dar paso al poder de ser un buen perdedor que ha de estar al borde de nunca ceder su superación, que muerde por recorrer su camino de guerrero poderoso.

Todopoderosamente

Cuando sea grande, yo proporcionaré el mero mero énfasis de una locura que no estará carente de locura, para así ser quien recurrente se va reencontrando con la locura, locura que acudirá a mí, a mí, con la ricura que acumulará en mí, en mí.

Todas esas imágenes y gestos, que para muchos son ridículos porque yo me dedico a hacerme escuchar como Hércules se hacía escuchar.

Yo no, no me descuido en nada.

Y yo, yo soy tan detallista que no me sacudo la inspiración, pues yo inculco la inspiración, que es la blancura que auténticamente va recuperando la elegancia que va llegando día a día más flamante; porque solo yo me entiendo todopoderosamente, en mí, en mí. No hay miedos, tan solo sonrisas. Asombrosas sonrisas que sirven para salir a pasear en aquel corcel que suele ser arreado por el corazón de la anfitriona consagración de la naturaleza más sagrada.

Felicidades

De este a oeste, de este a oeste.
Yo voy respirando la brisa que hermosea al paisaje, paisaje en el cual yo me siento alegre de estar presente en un atardecer interesante y fácil de interpretar.
Prestigiosa alma, cuerpo y mente de este presente realizado.
Poesía que ha de estimular mi vida con los contrastes de la flora y fauna, cercana a ese estero en donde se han de potenciar mis bellas artes.
Artes trabajadas en esta mente veterana, acostumbrada al silbido de la tetera desde muy temprano en aquel campo, en donde mi forma de ser nunca anda al lote porque en este lugar yo ya sé cómo detectar gran parte de mis felicidades.

Siéntete útil

Siéntete útil, útil.
Tan útil, que te has de ver iluminado al momento de escuchar aquella música que te cautivará sin pausa alguna; hasta que te has de ver auténticamente reunido con la cortesía y el positivismo de una poesía sin igual, la cual irá desglosando, desafío tras desafío, aquel impulso que te ha de llevar al cosmos sin la ayuda de rosario alguno, sino tan solo con seguir luchando para no verte despedazado interiormente.

Mucha suerte

Mucha suerte, mucha suerte.
Para ti, amigo mío, amigo mío.
Tú eres notoriamente extraordinario, como un gorila que no se harta de hacer uso de un vocabulario adaptado a no resignarse, ni de dar lugar a expresiones de deterioro poco creíbles para unos puños que van enriqueciendo de modo sonoro un rostro de boxeador, que a toda costa ha de traspasar la adversidad que ha querido habitar en atardeceres hasta extenuarlos. Hermosura de panera sin panes, destino transformador de una rudeza de santo que se eleva a lo alto sin ningún grado de dificultad.

La perseverancia

Señor, señor.
Señor de la perseverancia, instrúyeme con tus frases, que me hablarán de un presente que preservará las bases y los fundamentos donde yo me he de encontrar. Y, así, yo hallaré la esencia de ir hacia el encanto de poseer la destreza de no sentirme desestabilizado, teniendo los pies siempre bien puestos en la tierra.

www.ingramcontent.com/pod-product-compliance
Lightning Source LLC
LaVergne TN
LVHW091118150826
845673LV00002B/882